yukismart.com/b/65b9d6
AF364380
1
2

kat

katt

hond

hund

vis

fiskar

vogel

fågel

kip

höna

haan

tupp

kuiken

kyckling

ei

ägg

koe

ko

schaap

får

varken

gris

geit

get

paard

häst

ezel

åsna

muis

mus

konijn

kanin

kalkoen

kalkon

gans

gås

pauw

påfågel

eend

anka

eendje

ankunge

zwaan

svan

libel

trollslända

vlieg

fluga

mier

myra

miereneter

myrslok

lieveheersbeestje

nyckelpiga

aardworm

daggmask

naaktslak

snigel

rups

larv

slak

snigel

vlinder

fjäril

sprinkhaan

gräshoppa

bij

bi

honing

honung

spin

spindel

gras

gräs

kever

skalbagge

mug

mygga

schorpioen

skorpion

hagedis

ödla

schildpad

sköldpadda

krab

krabba

garnaal

räka

kreeft

hummer

walvis

val

haai

haj

pijlstaartrog

stingrocka

dolfijn

delfin

zee-egel
sjöborre

kwal
manet

inktvis
bläckfisk

zeester

sjöstjärna

zeemeeuw

fiskmås

zee

hav

pelikaan

pelikan

aalscholver

skarvfågel

schelpen

snäckor

zand

sand

olifant

elefant

zebra

zebra

giraffe

giraff

slang

orm

krokodil

krokodil

leeuw

lejon

tijger

tiger

nijlpaard

flodhäst

neushoorn

noshörning

jachtluipaard

gepard

kameel

kamel

antilope

antilop

flamingo

flamingo

struisvogel

struts

ooievaar

stork

papegaai

papegoja

gorilla

gorilla

aap

apa

koala

koala

panda

panda

kangoeroe

känguru

egel

igelkott

eekhoorn

ekorre

wolf

varg

vos

räv

wasbeer

tvättbjörn

beer

björn

hert

rådjur

adelaar

örn

vleermuis

fladdermus

zwijn

vildsvin

kraai

kråka

uil

uggla

specht

hackspett

bunzing

iller

mol

mullvad

bever

bäver

ijsbeer

isbjörn

sneeuw

snö

pinguïn

pingvin

sneeuwuil

fjälluggla

bos

skog

berg

berg

narwal

narval

walrus

valross

orka

späckhuggare

zeehond

säl

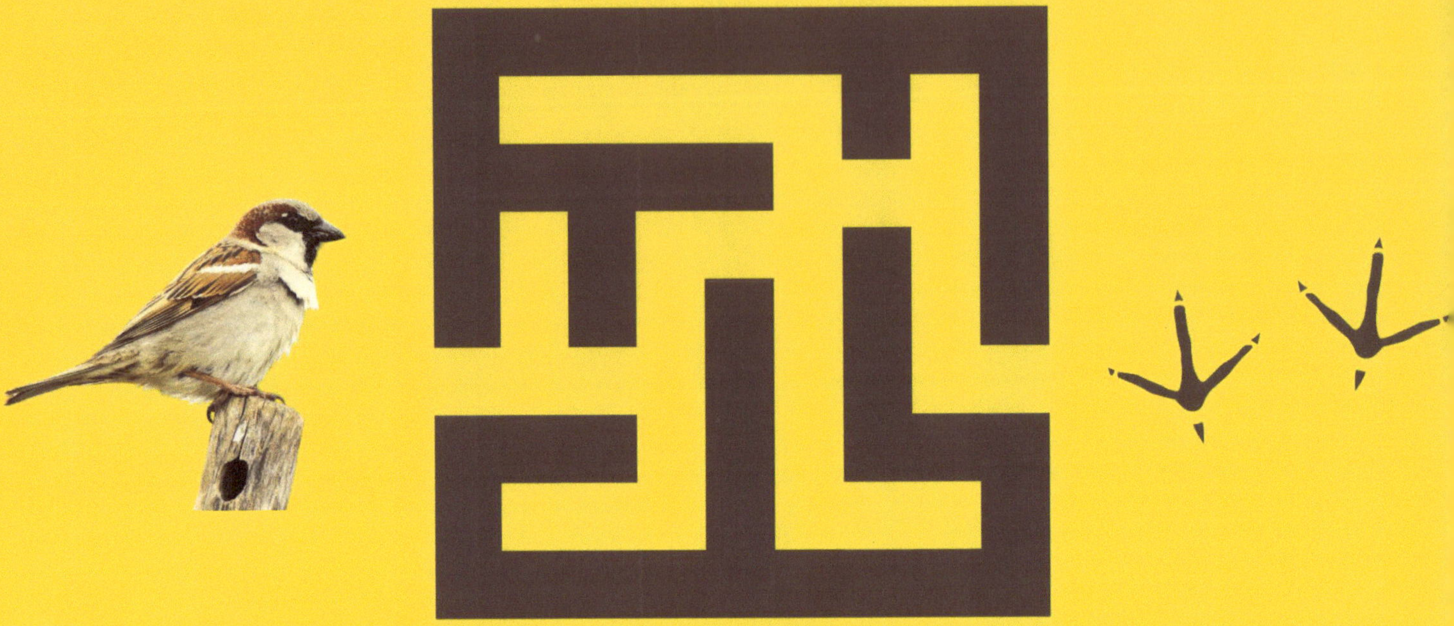

www.ingramcontent.com/pod-product-compliance
Lightning Source LLC
LaVergne TN
LVHW071633180726
843512LV00002B/301